AF198922

Andrea Ade

Haiku schreiben

Momenten Leben geben

Haiku

aus dem Leben
oder dem Regen
kleine Momente
Kostbarkeiten eben

Schönheit des Schreibens
tritt nur einen Schritt zurück
kannst du sie sehen

Bibliografische Information der Deutschen National-bibliothek:
Die Deutsche Nationalbibliothek verzeichnet diese Publikation in der Deutschen Nationalbibliografie; detaillierte bibliografische Daten sind im Internet über http://dnb.dnb.de abrufbar.

Herstellung und Verlag: BoD – Books on Demand, Norderstedt

ISBN: 978-3-7448-6451-0

Inhalt

Der Morgen erwacht
hat die Sonne mitgebracht
und Kinderlachen

Die Zeit ist noch jung
und das Leben will atmen
dem Morgen ist schlecht

Alles vergessen
der Tag springt gleich im Dreieck
will sich erhängen 😊

Angstvolle Träume
der Morgen ist wie gemacht
sich zu erholen

Am Sonntagmorgen
im goldenen Blätterlauf
Gedankenpausen

Der Morgen erwacht
schickt ein Lächeln um die Welt
am Samstagmorgen

Im Frühstückszimmer
die Fliege sitzt schon am Tisch
lautlos die Stille

Morgens früh um Sechs
der Mond reibt sich die Augen
will nur noch schlafen gehn ☺

Trauriger Morgen
der Humor hält sich versteckt
im Nebelschleier

Der Tag noch sehr jung
muss heute ganz schwer tragen
ein Duft von Kaffee

Offen und ganz stark
Sonne lacht in dein Gesicht
strahlender Morgen

Am Montagmorgen
die Zeiger der Küchenuhr
laut tickt die Stille

Heimatmelodie
Bäume fliegen Winde wehn
am Fenster vorbei

Lautlos das Zimmer
nichts erinnert mehr an dich
beim Glockenläuten

Der Kopf spricht nicht mehr
leckt nur noch seine Wunden
Gedanken fallen

Höhnisch die Zunge
schluckt nur bittere Pillen
Abschiedsvorstellung

Bis zum nächsten Mal
die Gartentür fällt ins Schloss
eisiges Schweigen

Das Lächeln verlernt
scharfer Wind treibt die Zunge
Gewitterziegen

Jemand zum Reden
und sich fürchten vorm Leben
wie klein du doch bist

Tiefschwarze Tinte
schreibt vernichtende Zeilen
die Nacht deckt dich zu

Heute und morgen
Schritt für Schritt tastest Du dich
die Welt will auch dich

Nur die Zeit hat Zeit
lebt Unendlichkeit
doch der Mensch denkt ebenso

Immer nur nehmen
man kann doch auch mal geben
dieses und jenes

Du kannst dein Schicksal
nicht bekämpfen jeden Tag
nimm wie es sein muss

Stetig liebevoll
dein Herz klopft an das meine
Heimatgefühle

Im Takt schlägt dein Herz
selbst in der härtesten Zeit
Herzschlagmomente

Dein Lächeln so stumm
ich kann es nur erahnen
wo treibst du dich rum

Vom Winde verweht
in Gedanken verbunden
schauen sie sich an

Nur das Herz es schlägt
der Mund weiß nichts zu sagen
die Realität

Er liebt sie innigst
sie kann ihm nicht vertrauen
Fürchtet die Scheidung

Sie lebt die Liebe
er füttert täglich die Angst
je nach Ent-scheidung

Alles beim alten
die Handcreme ist ranzig
der Mann merkt es nicht ☺

Du triffst meinen Nerv
und teilst meine Gedanken
fühlst dich trotzdem frei

Trägst mich auf Händen
und die Koffer hinterher
lässt mich verreisen

Ihr Mann will ans Meer
Wellen rauschen an sein Ohr
Gedanken kippen

Liebe setzt Segel
Gefühle im dicken Bauch
alle Leinen los

Trocken die Erde
nackte Steine kühlen sich
das Liebespaar schwitzt

Er will sie fangen
kauft sich ein Schmetterlingsnetz
nun übt sie laufen

Die Stille durchbricht
unser Reden und Lachen
egal wo du bist

Helau und Alaaf
Karneval das ganze Jahr
täglich ein Treffer

Masken schleichen heim
Narrenzeit wird eingepackt
Karneval vorbei

Das Blatt noch ganz weiß
im neuen Buch des Lebens
zum Jahresanfang

Mut hast du gemacht
und meine Hand genommen
Lebensbegleitung

Freundschaft braucht kein Kleid
trägt viel lieber Hand und Fuß
eine schöne Zeit

Da lacht ein Gesicht
durch regentrübe Wolken
Lichtblick im Chaos

Der Fisch stinkt vom Kopf
die Freundschaft um jeden Preis
lauf um dein Leben

Herzlich bis wärmend
Worte die nie *versagen*
und Freundschaft im Blut

Schicksalsschwere Zeit
Gedanken brauchen Farbe
Freundschaft ist so bunt

Du ich leuchte dir
trage deine Laterne
Lichter in der Nacht

Die Hand die dich hält
der Fuß der dich weitertritt
Freund *durch dick und dünn*

Die Hand die nicht hält
der Fuß der dich weitertritt
Freund zu verschenken

Die mit uns gehen
zuhören und verstehen
Lebensgeschenke

Wenn die Seele brennt
und das Herz in Freundschaft schlägt
Diamanten des Lebens

Der Tische ist gedeckt
und Käseträume stinken
lang warst du nicht da

Zurückgezogen
die Gedanken zerfallen
ein Blatt weht im Wind

Die Sonne verdrängt
von dunkelsten Gedanken
im Haus wird gelacht

Kristalle dunkeln
der See in deiner Seele
so tränengefüllt

Im Leben verirrt
verzweifelt Lösung gesucht
es wird sich finden

Die Blüte verblüht
und die Kraft geht mehr und mehr
was bleibt denn zurück

Jeder Tag ein Akt
bloß nicht ins Leere fallen
Überwindungen

Der Kopf spricht nicht mehr
leckt nur noch seine Wunden
Gedanken fallen

Krempel dich mal um
mach aus Mausgrau ziemlich bunt
Veränderungen

Niemand hat Anspruch
doch jeder nimmt was ihm passt
Plünderung leben

Der Morgen so grau
die Nacht fast nicht überlebt
Drehkreuz des Lebens

Bäume blicken stumm
zugefroren ruht der See
nur der Mensch schweigt nie

Wie ein Zugvogel
sitzt dein Wort in meinem Ohr
der Himmel so blau

Brücken betreten
fernab der Realität
vom Schicksal gebaut

Lassen wir es zu
ein Kopf ohne Fantasie
nur ein halber Mensch

Schönheit der Schöpfung
in Freude staunend leben
getragen werden

Demut erkennen
andere Leben sehen
schicksalsergeben

Nichtstun im Chaos
Gedanken im Buch versenkt
Stunden der Muße

Federballspiele
der Schmetterling sitzt im Baum
warten im Garten

Der Planet er brennt
wo sind die Regenfeste
und wann tanzt der Wind

Wenn Spitzen blitzen
durch braunen Vorhang treiben
als Grün der Natur

An Fensterscheiben
Regentropfen treffen sich
laufen nebenher

Der Nebel wandert
sein Mantel verhüllt die Sicht
ein Hund bellt am Tor

Nebel am Morgen
Sonne lächelt vom Himmel
der Frosch springt in Fass

Schneeschmelze im März
und Christrosen öffnen sich
Gedanken fliegen

Ein Wintermorgen
Bäume ohne Blätterkleid
glutrot die Sorgen

Abendstimmung
still und stolz ruht der See
Schweigepflicht in der Novemberzeit

So kalt am Hafen
doch Susi trägt keinen Schal
Sommerkleidmädchen

Der Herbst zieht ins Haus
pfeifen will er der Ofen
und niemand will raus

Ein Wintermorgen
Bäume ohne Blätterkleid
glutrot die Sorgen

Der Herbstchor am See
die Blätter rascheln im Wind
und Natur sie singt

Sturm tobt bis es bricht
stürzt er vom Dach des Himmels
Schicksalsmomente

Feuerland am Meer
Steine braten Spiegelei
gleißend die Sonne

Wärmende Strahlen
Sonne berührt dein Gesicht
Wind bläst frei den Kopf

Vollmond ganz schön rund
kaut wie mit vollen Backen
scheint unbekümmert

Herbstlaub wirbelt auf
noch flattert Wäsche im Wind
stürmische Zeiten

Bunter Blätterwald
braungemalt und goldgetränkt
sonnendurchflutet

Der Garten so grün
täglich in neuem Gesicht
es regnet leise

Kahler Ast an Ast
Natur noch in der Stille
den Frühling fühlen

Das Messer sticht los
zerstückelt Butter und Brot
zur Abendbrotzeit

Die Tafel sie kratzt
seufzt die Kuh unter Blumen
beim Pfingstochsenfest

Wörter atmen nah
ein Haiku liegt jetzt beim Schuh
Donner im Wetter

Morgentau spiegelt
ein kleiner Wicht rasiert sich
zum Frühstück im Wald

Im Dunkel der Nacht
es will nicht immer – das Licht
rein in die Kammer

So dunkel die Nacht
Gedanken schwirren vorbei
es stolpert das Herz

Nur der Mond ist auf
die Schatten treiben umher
verschlafen die Stadt

So dunkel die Welt
Morgentau am Seelenblatt
ros(t)ige Zeiten

Wenn der Einfall fehlt
und der Beifall lautlos geht
nur der Reinfall steht

Und wieder ein Tag
kopflästig voll Ideen
ganz schlecht zu stehen

Angstvolle Träume
Wünsche liegen in Ketten
Gedanken zerbrechen

Herz ohne Fenster
Lichter in dunklen Dosen
Alles dicht gemacht

Kalt die Gedanken
wie im Nebel gefangen
Liebe gegangen

Im Kinderlachen
die ganze Welt vergessen
Gedankenleere

Klirrende Kälte
im Haus am Meer brennt noch Licht
wärmend die Worte

Geburtstagstorte
marmeladenrot der Mund
im Kinderlachen

Schon nach kurzer Zeit
behutsam öffnet sie sich
die Königsblüte

Die Blumen leuchten
sehen Fahrradfahrern nach
im Salinenpark

Im Kinderlachen
fragen sie stündlich nach dir
Denken an Opa

Licht schaut durchs Fenster
Damenrausch am Kaffeetisch
noch ein Likörchen

Schere und Papier
Stifte steh'n in Reih und Glied
das Kinderlachen

Stiller fremder Freund
unter einem Baum sitzt du
schaust in das Leben

Wirst so sehr vermisst
einmal ging die Sprache aus
kam nie mehr zurück

An Fäden tanzen
beim Sprechen aufgehangen
Puppenspielerei

Den Rücken zur Wand
Einsamkeit steht in der Tür
reicht dir ein Gewand

Magie der Worte
laut flüsternd im Nebelschein
der Weltuntergang

So laut schweigt die Welt
stapelt Container im Meer
und stumm schwimmt das Blau

Dein Blatt fällt leise
ruht jetzt unterm Lebensbaum
vom Winde verweht

Vollmond hellt die Nacht
Schatten aus der Unterwelt
Nur ein Käuzchen schreit

Dein Licht verlässt dich
dort warten schon die andern
sehnsuchtsvoll lacht es

Trostlos der Morgen
und tote Münder schweigen
eine Stimme keift

Das Glas noch halbvoll
die Idee tanzt durch den Raum
du springst auf und gehst

Die Mutter so stumm
ihre Augen kalt und leer
schauen dich nicht an

Magie der Worte
laut flüsternd im Nebelschein
der Weltuntergang

Schönheit des Schreibens
tritt nur einen Schritt zurück
kannst du sie sehen

Silben zählen sich
die Worte tanzen im Kreis
beim Poetenfest

Momente schichten
in drei Zeilen verweilen
dürfen sie bleiben

Weiß wie die Unschuld
getrieben von Edelmut
bis zum Erbrechen

Streit unter Nachbarn
die Stimmen überschlagen
Sie steht am Fenster

Vorgeführt werden
an der Leine wie der Bär
Ärger tanzt im Kopf

Beim Schwarzwaldmädel
leuchtet heimelig das Licht
Teerosengesteck

Stimmengemurmel
und rosa Füße platschen
Heimatgefühle

Warum verzweifeln
wenn das Leben dir was schenkt
es hat seinen Grund

Ein herber Humor
verschönert auch die Seele
strahlend blauer Tag

Verwebt in Worten
noch sind es zarte Fäden
im Klettergarten

Glasklar der Verstand
niemals unterzugehen
Hoffnung im Spiegel

Wie losgelassen
der Tag wandert in die Welt
ein angstfreies Date

Sprudelnde Worte
und den Kopf voller Pläne,
die Schritte zum Licht

Im Unglück verirrt
von Jahren überwachsen
heut` ist nicht gestern

Eine kleine Welt
die Töne deines Lebens
treffen den Moment

Das Glück wohnt im Kopf
und du direkt daneben
finde nur die Tür

Ich glaube an mich
Trostlosigkeit im Verzicht
so bunt die Bänder

voller Elfchen

Haikus

und

*immerwährenden
Gedanken*

ist meins
strahlt „ kleiner Engel"
hält hoch die Zahl
Vorweihnachtsfreude

ZWEI schöne Tage
Spaziergang im Winterwald
Schneeflocken fallen

kleine Türchen
sind schon auf
Besinnlichkeit im Dauerlauf zur
Weihnachtszeit

Hände haben
wenigstens zur Weihnachtszeit
schön soll es werden

 Tage
warten
jetzt die Kinder
stellen heute
ihre Stiefel raus
denn morgen
ist ja Nikolaus

Tage Arbeit sind vorbei
ab morgen hab ich wieder frei
jubelt Santa Claus
Dann ziehe ich meinen Mantel aus
und fahre in mein Ferienhaus

Uhr es schneit
gedankenschwere Stille
die Sonne geht auf

samkeit
keine Zeit
tut mir Leid
denke heute mal an
MICH

Monate braucht ein Mensch
um auf die Welt zu kommen.
Ein Wunder ist geschehen.
Wie viel Zeit braucht dieser Mensch
um wieder von hier fort zu gehen?
Von einem Wunder wird dabei
nie mehr die Rede sein...

 ist die Basis.
Zwei Hände
sinnbildlich für
Anfang und Ende
eine magische Grenze
die du mit Fingern
nachzählen kannst

chen
im Festtagskleid
mit Schmuck beladen
schreiten sie durch den
Advent

schlägt die Turmuhr
Mitternacht der Mond scheint hell
menschenleer die Stadt

und dann
auch noch Freitag
keine Angst es ist
ADVENT

lange Tage
die Spannung steigt
Kinderaugen leuchten in der
Vorweihnachtszeit

cm Neuschnee
Eisblumen am Fenster
es ist klirrend kalt
Wunschdenken

Sweet sixteen
erlaubte ersten Schritte
in die große weite Welt
ENDLICH

Tage erst
weint kleiner Engel
meine Flügel tun so
weh

und
ganze Tage
nur noch lächeln
das geht auch nicht
mehr

ich
hol mit jetzt
den gelben Schein
und feiere Weihnachten ganz
allein

Sekunden schauen sie sich an,
dann senkt der junge Mann
verlegen den Blick und
verschwindet in der Menschen-
menge des Weihnachtsmarktes.

Nur der Duft gebrannter Mandeln,
verwebt in bunten Lichterketten,
bleibt zurück.

Verwirrt nippt die schöne Frau er-
neut an ihrem Glühwein und fühlt
sich plötzlich so allein.

die letzte
im Jahr auch
heute wird ein Kind
geboren

Weihnachten naht
der Stift hetzt
über den Einkaufzettel im
Dauerlauf

Sterne am
Horizont drei fehlen
noch dann geht es
rund

Gänse sie
sind eingeladen
ihr schwerer Weg
mit einem stillen Ende
Hauptgang

letzter Spurt
Einkauf ohne nachzudenken
Hauptsache irgendetwas zu verschenken
Bescherung

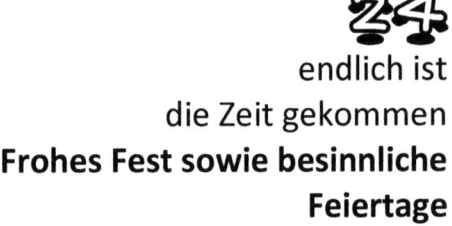

endlich ist
die Zeit gekommen
Frohes Fest sowie besinnliche
Feiertage

****

Ein
paar Ideen
geschrieben auf Papier
fünf Zeilen voller Leben
WIR

****

Vielen Dank
für das Interesse
an meinen Gedanken
und
ich wünsche Euch
viel Licht auf Euren Wegen

Andrea Ade
andrea-ade.de